Steigende Wellen

Enthüllung der Erdbebenchroniken Japans

Eine datengesteuerte Reise in die
Erschütterungen, Tragödien und Triumphe
der Erde

DE GIST LOVERS

Inhaltsverzeichnis

Einführung

In den frühen Morgenstunden des ersten Tages des Jahres 2024 befand sich Japan mitten in einer seismischen Tortur. Eine Reihe starker Erdbeben, die ihren Ursprung im Japanischen Meer vor der Küste von Ishikawa und den benachbarten Präfekturen hatten, erschütterten das Land bis ins Mark. Die Erdstöße, die eine Spitzenstärke von 7,6 erreichten, waren eine deutliche Erinnerung an die geografische Verwundbarkeit, mit der Japan in der Vergangenheit zu kämpfen hatte.

Diese seismische Saga ereignete sich kurz nach 16 Uhr Ortszeit (7 Uhr britischer Zeit) und überraschte sowohl Anwohner als auch Behörden. Die Präfektur Ishikawa, in der Mitte der Westküste Japans gelegen, wurde zum Epizentrum dieses beunruhigenden Ereignisses. Mit seiner 581 Kilometer langen Küste, die vom Japanischen Meer begrenzt wird, ist Ishikawa kein Unbekannter für die Erdbeben, die die Region regelmäßig heimsuchen. Die jüngste Episode erwies sich jedoch als eine gewaltige Herausforderung, so dass die Präfektur mit den Folgen zu kämpfen hatte.

Als die Nation das neue Jahr einläutete, gerieten Tausende Einwohner plötzlich in eine Notlage. Tsunami-Warnungen lösten zunächst Schockwellen in den Küstengemeinden aus und führten zu raschen Evakuierungsmaßnahmen. Die gesamte Nation stand am Abgrund einer möglichen Katastrophe und wartete gespannt auf Neuigkeiten der Japan Meteorological Agency.

Nach dieser unvorhergesehenen Katastrophe zeichnete die sich entfaltende Erzählung ein erschütterndes Bild – einstürzende Gebäude, eine steigende Zahl von Todesopfern und eine von der unerbittlichen Gewalt der Natur gezeichnete Landschaft. In der Folge kam es zu Bränden und Erdrutschen, die die Herausforderungen für Anwohner und Einsatzkräfte zusätzlich verschärften.

Die Auswirkungen der Erdbeben beschränkten sich nicht auf physische Strukturen; es hallte durch die kollektive Psyche der Nation. Die Zerbrechlichkeit des Lebens, die Widerstandsfähigkeit der

Gemeinschaften und der unbezwingbare Geist des japanischen Volkes standen im Mittelpunkt des sich entfaltenden Dramas. Vor den Augen der Welt stand Japan vor einer gewaltigen Aufgabe: durch das Chaos zu navigieren, die verlorenen Leben zu betrauern und inmitten der Nachbeben, die in der Luft schwebten, wieder aufzubauen.

Die Bedeutung seismischer Aktivitäten in der Region

Eingebettet in den Pazifischen Feuerring ist Japan ein Beweis für die ungeheure Kraft seismischer Aktivitäten. Diese hufeisenförmige Zone, die durch hohe seismische und vulkanische Aktivität gekennzeichnet ist, umfasst den Pazifischen

Ozean und beherbergt einige der geologisch dynamischsten Gebiete der Erde. Für Japan, das an der Konvergenz von vier großen tektonischen Platten liegt – der Pazifischen, der Philippinischen, der Eurasischen und der Nordamerikanischen Platte – sind seismische Aktivitäten keine bloßen geologischen Ereignisse, sondern vielmehr ein integraler Bestandteil seiner komplexen Landschaft.

Die Bedeutung seismischer Aktivitäten in der Region ergibt sich aus dem komplizierten Tanz dieser tektonischen Platten unter der Erdoberfläche. Durch die ständige Wechselwirkung und Kollision dieser Platten entsteht ein enormer Druck, der zur Freisetzung von Energie in Form von Erdbeben führt. Dieses geologische

Phänomen stellt zwar eine ständige Bedrohung dar, hat aber über Jahrhunderte hinweg auch die Topographie und kulturelle Identität Japans geprägt.

In Japan sind Erdbeben nicht nur gelegentliche Störungen; Sie sind Teil des nationalen Bewusstseins. Der historische Kontext ist reich an seismischen Ereignissen, die im Land unauslöschliche Spuren hinterlassen haben. Vom verheerenden großen Kanto-Erdbeben von 1923 bis zu den jüngsten Schrecken des Tohoku-Erdbebens und Tsunamis im Jahr 2011 stand Japan vor der unerbittlichen Herausforderung, seine Existenz mit den unvorhersehbaren Kräften unter seinen Füßen in Einklang zu bringen.

Die Bedeutung geht über die geologische Faszination hinaus; es durchdringt jeden Aspekt des Lebens. Die architektonische Widerstandsfähigkeit japanischer Gebäude, strenge Bauvorschriften und ein beispielloses Frühwarnsystem sind allesamt Ausdruck einer Gesellschaft, die tief auf den seismischen Rhythmus ihrer Umgebung eingestellt ist. Die seismischen Aktivitäten stellen zwar eine Bedrohung dar, haben aber auch zu Fortschritten bei der Erdbebenvorsorge geführt und Japan zu einem weltweiten Spitzenreiter in Sachen Katastrophenresistenz gemacht.

„Rising Waves" dringt ins Herz der seismischen Erzählung Japans vor und enthüllt nicht nur die geologischen Implikationen, sondern auch die tiefgreifende kulturelle und gesellschaftliche Resonanz des Lebens in einer Region, in der der Boden darunter in ständiger Bewegung ist. Diese im kollektiven Gedächtnis der Nation verankerte Bedeutung verleiht dem sich entfaltenden Drama der jüngsten Erdbeben in Ishikawa noch mehr Komplexität. Bei den Erdbeben handelt es sich nicht um isolierte Ereignisse, sondern um eingewobene Fäden in das größere Geflecht der seismischen Saga Japans, einer Saga, die weiterhin ihr Schicksal prägt.

Nach den jüngsten Erdbeben, die Japan bis ins Mark erschütterten, bietet sich eine einzigartige Gelegenheit – die Chance, die seismischen Ereignisse mit einer datengesteuerten Linse zu untersuchen.

„Rising Waves" bereitet die Bühne für eine Erkundung, die über die Erzählungen von Tragödie und Widerstandsfähigkeit hinausgeht und sich in den Bereich der Analysen und Erkenntnisse vorwagt.

Während sich die Nation mit den unmittelbaren Folgen auseinandersetzt, werden die Daten zu einem Leuchtfeuer des Verständnisses im Chaos. Jenseits der Schlagzeilen und emotionalen Berichte wartet eine Fülle von Informationen darauf, entschlüsselt zu werden. Die seismische Aktivität, erfasst in numerischen Größen, geografischen Koordinaten und historischen Mustern, erzählt eine eigene Geschichte. Diese datengesteuerte Erkundung versucht, die Geheimnisse zu lüften, die im bebenden Boden verborgen sind.

Die seismischen Daten, die oft in wissenschaftliche Berichte verbannt werden, stehen in „Rising Waves" im Mittelpunkt. Es wird zu einem eigenständigen Protagonisten, der den Leser durch die Feinheiten der Plattentektonik, Verwerfungslinien und die geologischen Nuancen führt, die die Bühne für die jüngsten Erdbeben bereiteten. Durch diese Erkundung werden die Leser eingeladen, Zeuge des seismischen Rätsels zu werden, die Muster zu verstehen, die solchen Ereignissen vorausgehen, und das komplexe Kräfteballett unter der Erdoberfläche zu verstehen.

Aber die Daten beschränken sich nicht nur auf die Geologie; Es erstreckt sich auf menschliche Reaktionen, Notfallvorsorge und die Wirksamkeit von Warnsystemen. Die Analyse der Evakuierungsfristen, der Auswirkungen auf verschiedene Regionen und der Wirksamkeit von Reaktionsstrategien wird zu einem entscheidenden Teil der Erzählung. Während sich die Geschichte entfaltet, wird den Lesern ein umfassender Überblick geboten – eine Synthese aus menschlicher Erfahrung und numerischer Präzision.

„Rising Waves" steht an der Schnittstelle von Storytelling und Analyse, wo jedes Datenelement zu einem tieferen Verständnis der seismischen Ereignisse beiträgt. Die Bühne ist nicht nur für das Nacherzählen von Ereignissen bereitet, sondern auch für eine Erkundung, die aufklärt, klärt und befähigt. Es ist eine von Daten geleitete Reise, bei der die Zahlen zu Geschichtenerzählern und die Analysen zu einer Roadmap durch das seismische Labyrinth werden, durch das Japan mit jedem Erdbeben navigiert.

Kapitel 1:

Vorspiel zur Katastrophe

Historischer Kontext von Erdbeben in Japan

Die Geschichte Japans ist geprägt von den seismischen Spuren seiner unbeständigen geologischen Umgebung. Um die jüngsten Erdbeben zu verstehen, muss man sich mit dem historischen Kontext befassen, in dem die Echos vergangener Erdbeben im Laufe der Zeit nachhallen und die Widerstandsfähigkeit und Bereitschaft der Nation prägen.

Die seismische Saga in Japan hat ihren Ursprung im verheerenden Großen Kanto-Erdbeben von 1923. Mit einer Stärke von 7,9 hinterließ es Tokio und die umliegenden Gebiete in Trümmern. Die Opfer forderten nicht nur Todesopfer, sondern auch die tiefgreifenden Auswirkungen auf Stadtplanung, Architektur und Katastrophenhilfe.

Die Stadt Kobe wurde nach dem Erdbeben von 1995 zum Synonym für Widerstandsfähigkeit. Bei einer Stärke von 6,9 löste es Zerstörung aus und forderte über 6.000 Todesopfer. Die Folgen führten jedoch zu einem Paradigmenwechsel in der Erdbebenvorsorge, der sich landesweit auf Bauvorschriften und Notfallmaßnahmen auswirkte.

Das Tohoku-Erdbeben und der Tsunami von 2011 mit einer atemberaubenden Stärke von 9,0 gelten als eines der stärksten, die jemals aufgezeichnet wurden. Die Verwüstung verdeutlichte die

Verwundbarkeit der Küstenregionen, zeigte aber auch die Wirksamkeit von Japans Frühwarnsystemen und der Bereitschaft der Bevölkerung.

Japans Lage innerhalb des Pazifischen Feuerrings erhöht seine seismische Anfälligkeit. Die ständige Wechselwirkung tektonischer Platten erzeugt eine Symphonie seismischer Aktivität, bei der der wellenförmige Tanz unter der Erdkruste sowohl Schönheit als auch Chaos erzeugt.

Durch die Subduktion der Pazifischen Platte unter die Nordamerikanische, Philippinische und Eurasische Platte entsteht ein komplexes Netz von Verwerfungslinien. Das seismische Ballett beinhaltet häufige Erschütterungen, wenn diese Platten um den Weltraum ringen und so die Bühne für mittelschwere Beben und katastrophale Ereignisse bereiten.

Die historischen seismischen Narben veranlassten Japan, Pionierarbeit für erdbebensichere Architektur zu leisten. Von flexiblen Fundamenten bis hin zu Stoßdämpfern sind die Gebäude des Landes ein Beweis für den technischen Einfallsreichtum, der sich ständig weiterentwickelt, um den unerbittlichen Erschütterungen standzuhalten.

Über die Strukturen hinaus hat Japan in die Bereitschaft der Gemeinschaft investiert. Regelmäßige Übungen, Aufklärung über Evakuierungsverfahren und eine Kultur, die kollektive Sicherheit schätzt, tragen dazu bei, dass eine Gesellschaft bereit ist, sich den seismischen Herausforderungen zu stellen.

Erdbeben haben die kulturelle Psyche Japans durchdrungen. Von Folklore bis Kunst finden seismische Ereignisse in unzähligen Formen Ausdruck. Das Bewusstsein, auf seismisch aktivem Land zu leben, ist nicht nur wissenschaftlicher Natur, sondern tief in der Struktur des täglichen Lebens verankert.

Japans seismische Geschichte ist eine Erzählung, die noch im Entstehen begriffen ist. Jede Erschütterung ist eine Seite in einer Chronik, die von der Ausdauer, Anpassungsfähigkeit und dem unerschütterlichen Willen der Nation zeugt, aus den Echos ihrer seismischen Vergangenheit zu lernen.

„Rising Waves" spielt sich vor diesem Hintergrund ab, in dem der historische Kontext mehr als nur ein Prolog ist; Es wird zum eigentlichen Fundament, auf dem Japan angesichts der seismischen Unsicherheiten der Gegenwart und der Zukunft steht.

Das Erdbeben im Mai 2023 in Ishikawa

Inmitten der seismischen Geschichte Japans wurde im Mai 2023 eine ergreifende Note hinzugefügt, als Ishikawa, genau die Region, die jetzt mit den jüngsten Erdbeben zu kämpfen hat, ihr eigenes Beben erlebte. Dieser seismische Auftakt war zwar nicht so schlimm wie die jüngsten Ereignisse, ließ jedoch die Verwundbarkeit des Gebiets erahnen.

Mit einer Stärke von 6,5 diente das Erdbeben im Mai 2023 als sanfte Erinnerung an die ruhelosen Kräfte unter der Oberfläche von Ishikawa. Obwohl es keine großflächigen Verwüstungen verursachte, forderte es mindestens ein Todesopfer, was die Anfälligkeit der Region für seismische Ereignisse unterstreicht.

Nach dem Erdbeben im Mai 2023 unternahm Ishikawa Schritte, um seine Widerstandsfähigkeit zu stärken. Das Ereignis führte zu einer Neubewertung der Notfallstrategien, der Gebäudestrukturen und der Bereitschaft der Gemeinschaft, da sich die Region auf die Möglichkeit einer künftigen stärkeren seismischen Aktivität vorbereitete.

Das Erdbeben im Mai 2023 wurde zu einer wertvollen Lektion für die laufende seismische Aufklärung von Ishikawa. Die aus dieser Veranstaltung gewonnenen Erkenntnisse trugen dazu bei, dass die Region besser auf die jüngsten, stärkeren Erdbeben reagieren konnte. Die Echos der Vergangenheit leiteten die gegenwärtige Reaktion.

Auch wenn das Erdbeben im Mai 2023 im Vergleich zu den jüngsten Ereignissen nur ein Beben war, warf es doch einen Schatten der Vorfreude auf Ishikawa. Die Erfahrung der Region mit seismischen Aktivitäten wurde zu einem entscheidenden Prolog für die sich entfaltende Erzählung von „Rising Waves", da sie sich erneut mit den seismischen Unsicherheiten auseinandersetzt, die ihre Existenz bestimmen.

Ishikawas Geographie und ihre Erdbebenanfälligkeit

Ishikawa liegt an der Westküste Japans und ist eine Region, die durch ihre geografische Lage sowohl gesegnet als auch belastet ist. Mit einer Küstenlinie, die sich über 581 Kilometer entlang des Japanischen Meeres erstreckt, liegt der Reiz der Stadt in der maritimen Schönheit, die ihre Grenzen definiert.

Das Japanische Meer bietet zwar atemberaubende Ausblicke, bringt aber auch ein prekäres Element mit sich. Ishikawa befindet sich inmitten tektonischer Feinheiten, wo die pazifische, die philippinische und die eurasische Platte zusammenlaufen. Diese Kollision führt zur Entstehung von Verwerfungslinien und bereitet die Bühne für seismische Aktivitäten, die die Geschichte der Region prägen.

Die jüngsten Ereignisse spiegeln die tektonischen Feinheiten unter der Oberfläche von Ishikawa wider. Die jüngsten Erdbeben sind zwar erschütternd, aber Teil eines seismischen Puzzles – ein unvorhersehbarer Ausdruck des empfindlichen Gleichgewichts, das in der Region herrscht.

In den Städten, die die Landschaft von Ishikawa prägen, ist die seismische Unsicherheit fester Bestandteil des täglichen Lebens. Von der städtischen Weite von Kanazawa bis zu den Küstengemeinden am Japanischen Meer zeugt jede Ecke von Ishikawa von der doppelten Erzählung von Schönheit und Verletzlichkeit.

Dennoch bleibt Ishikawa belastbar. Generationen, die durch seismische Koexistenz geprägt sind, haben einen Geist der Bereitschaft entwickelt. Architektonische Innovationen, Gemeinschaftsübungen und ein kollektives Verständnis des seismischen Rhythmus ermöglichen es Ishikawa, sich den Unsicherheiten zu stellen, die die Erde mit sich bringt.

Kapitel 2:

Die sich abzeichnende Tragödie

Detaillierte Darstellung der Erdbebenserie

Eine Reihe schwerer Erdbeben, die ihren Ursprung im Japanischen Meer vor der Küste von Ishikawa hatten, wobei das stärkste eine Stärke von 7,6 aufwies, erschütterte die Region und bereitete die Bühne für eine Nacht voller Unsicherheit und Chaos.

Die Japan Meteorological Agency meldete die ersten Erschütterungen kurz nach 16 Uhr Ortszeit und sandte Schockwellen durch Ishikawa und die benachbarten Präfekturen. Die Region, in der seismische Aktivitäten nicht fremd sind, geriet erneut ins Rampenlicht. Die Präfektur Ishikawa, im Zentrum der Westküste Japans gelegen, wurde zum Epizentrum eines Dramas, das die Nation erschüttern sollte.

Tsunami-Warnungen huschten über die Bildschirme und führten zu sofortigen Evakuierungen, da sich die Küstengemeinden auf die Möglichkeit hoch aufragender Wellen vorbereiteten. Die anfängliche Angst vor einem katastrophalen Tsunami verwandelte sich allmählich in eine überschaubarere Warnung, aber die anhaltende Bedrohung zeichnete sich ab. Im Laufe der Nacht zeichnete eine komplexe Reihe von Ereignissen ein lebendiges Bild des seismischen Chaos, das Ishikawa erfasste.

Der menschliche Tribut wurde mit jedem Update deutlich. Berichte über eingestürzte

Gebäude, tragische Todesopfer und den tapferen Einsatz der Feuerwehrleute bei der Bewältigung von mindestens 30 eingestürzten Gebäuden unterstrichen den Ernst der Lage. Ein Mann kam ums Leben, als in der Stadt Shika ein Gebäude einstürzte, eine deutliche Erinnerung an die physische Verwüstung durch die seismischen Kräfte.

Die Landschaft trug die Narben der Erdbeben. Eine Autobahn im Westen Japans wurde aufgrund von Erdrutschen und Straßeneinstürzen unpassierbar. Von einem Flugzeug aus aufgenommene Bilder zeigten ein wütendes Feuer in der Stadt Ishikawa, bei dem Rauch aus in Flammen stehenden Gebäuden aufstieg. Die Folgen enthüllten zerstörte Autos, umgestürzte

Schilder und überschwemmte Gebiete und zeichneten ein düsteres Bild der Kämpfe in der Region.

Der seismische Angriff dauerte an. In den letzten 12 Stunden wurden mehr als 100 Erdbeben und Nachbeben mit einer Stärke von 7,6 bis 2,9 registriert. Die meisten davon sammelten sich in der Nähe von Noto in Ishikawa, dem Epizentrum des stärksten Bebens. Allerdings waren die Erschütterungen in verschiedenen Teilen Japans zu spüren, was die weitreichenden Auswirkungen unterstreicht.

Evakuierungsbemühungen waren im Gange und über 97.000 Menschen wurden aufgefordert, in neun Präfekturen entlang der Westküste höher gelegene Gebiete aufzusuchen. Bewohner, die mit Angst und Unsicherheit zu kämpfen hatten, suchten Zuflucht in Regierungsbüros und Evakuierungszentren, lagen auf dem Boden und verfolgten die Berichterstattung über die sich abzeichnende Katastrophe.

Im Laufe der Nacht drückte US-Präsident Joe Biden seine Solidarität mit Japan aus und bot den betroffenen Menschen Hilfe an. Die sich abzeichnenden Ereignisse signalisierten nicht nur einen physischen Kampf gegen seismische Kräfte, sondern auch eine diplomatische Anerkennung der gemeinsamen Menschlichkeit angesichts von Widrigkeiten.

Inmitten dieses Aufruhrs bot das vom Erdbebeningenieur Professor Anastasios

Sextos fachmännisch analysierte seismische Rätsel einen Hoffnungsschimmer. Die besondere Offshore-Lage des Erdbebens, erklärte er, führe möglicherweise dazu, dass Großstädte stärkeren Erschütterungen ausgesetzt seien, wodurch die Auswirkungen abgemildert würden. Er sprach über die Erdbebenvorsorge Japans und hob die führende Rolle des Landes und sein hervorragendes Frühwarnsystem hervor.

Die Nacht entfaltete sich als eine erschütternde Saga voller Zittern, Angst und Widerstandskraft

<u>Das erste Beben der Stärke 7,6 vor der Küste von Ishikawa</u>

Das Epizentrum dieser geologischen Erschütterung wurde im Japanischen Meer direkt vor der ruhigen Küste von Ishikawa lokalisiert. Mit einer Stärke von 7,6 sendete dieses erste Beben Schockwellen aus, die die ganze Nacht über nachhallten und die Bühne für eine Reihe seismischer Ereignisse bereiteten, die sich in unerbittlicher Folge abspielten.

Die Japan Meteorological Agency, die wachsame Hüterin der unvorhersehbaren Kräfte der Natur, meldete die seismische Störung kurz nach 16 Uhr Ortszeit umgehend. Die Erschütterungen, die ihren Ursprung in den Tiefen des Japanischen Meeres hatten, entfalteten ihre Energie mit einer Kraft, die in Ishikawa seit über vier

Jahrzehnten nicht mehr beobachtet worden war.

Die Bedeutung dieses ersten Bebens lag nicht nur in seinen unmittelbaren Auswirkungen, sondern auch in der bedrohlichen Vorahnung einer Nacht voller Unsicherheit. Über die Bildschirme huschten Tsunami-Warnungen, die an dringende Rufe eines Wächters erinnerten, und forderten die Bewohner auf, die Küstengebiete in Erwartung möglicher kolossaler Wellen zu evakuieren. Das Gespenst des verheerenden Erdbebens und Tsunamis in Tohoku im Jahr 2011 blieb im kollektiven Gedächtnis hängen und fügte dem sich entfaltenden Drama eine zusätzliche Ebene der Angst hinzu.

Die Präfektur Ishikawa, die in ihrer Geschichte an seismische Ereignisse gewöhnt war, stand im Mittelpunkt der Aufmerksamkeit. Das Beben der Stärke 7,6, ein heftiges Beben unter der Erdoberfläche, war eine deutliche Erinnerung an die Anfälligkeit der Region für den launischen Tanz der tektonischen Platten.

Auswirkungen auf Gebäude, Infrastruktur und das tägliche Leben

Der seismische Angriff, der sich am ersten Tag des Jahres 2024 vor der Küste von Ishikawa ereignete, hinterließ unauslöschliche Spuren in Gebäuden, Infrastruktur und im täglichen Leben der Bewohner der betroffenen Regionen. Während sich „Rising Waves" mit den

Folgen befasst, entsteht ein Teppich aus Zerstörung und Widerstandsfähigkeit, der ein lebendiges Bild der seismischen Auswirkungen zeichnet.

Die Wucht der Erdbeben richtete verheerende Schäden an Gebäuden an und hinterließ eine Spur eingestürzter Gebäude. Berichte des Krisenmanagementteams in Ishikawa enthüllten die düstere Realität: Gebäude wurden in Schutt und Asche gelegt und ihre strukturelle Integrität durch die unerbittlichen Erschütterungen beeinträchtigt. Tragischerweise kam ein Mann ums Leben, als ein Gebäude in der Stadt Shika einstürzte. Die danach aufgenommenen Bilder zeigten die Zerbrechlichkeit der gebauten Umwelt angesichts der Gewalt der Natur.

Straßen, Autobahnen und andere lebenswichtige Infrastrukturen trugen die Hauptlast des seismischen Angriffs. Eine Autobahn im Westen Japans wurde aufgrund von Erdrutschen und Straßeneinstürzen unpassierbar, was den normalen Transportfluss störte. Der Flughafen Noto, eine wichtige Lebensader der Region, hat alle Flüge gestrichen, was die unmittelbaren Auswirkungen auf wesentliche Dienstleistungen unterstreicht. Die Risse in den Start- und Landebahnen des Flughafens und die Einstellung des Flugverkehrs haben die Verwundbarkeit kritischer Infrastrukturen noch deutlicher gemacht.

Für die Bewohner von Ishikawa und den benachbarten Präfekturen verwandelte sich der Alltag in einen surrealen Tanz zwischen Angst und Widerstandskraft. Evakuierungsbefehle störten den Alltag, da über 97.000 Menschen gezwungen wurden, in höher gelegenen Gebieten Zuflucht zu suchen. Überfüllte Evakuierungszentren und Regierungsbüros wurden zu provisorischen Unterkünften, in denen Menschen auf dem Boden lagen und besorgt die Berichterstattung über die sich abzeichnende Katastrophe verfolgten. Die Suche nach Grundbedürfnissen wurde zu einer Herausforderung: Menschenmassen strömten in die Geschäfte und sorgten für ein chaotisches Bild, als sie inmitten der Nachbeben nach Wasser, Brot und Reis suchten.

Die seismischen Auswirkungen gingen über den physischen Bereich hinaus und drangen in das emotionale und psychologische Gefüge des täglichen Lebens ein. Die ständige Gefahr von Nachbeben und die drohende Unsicherheit über die Zukunft werfen einen Schatten auf die Widerstandsfähigkeit der Gemeinden. Doch inmitten des Chaos tauchten auch Anzeichen von Solidarität auf. US-Präsident Joe Biden streckte seine unterstützende Hand aus und betonte die tiefe Freundschaft zwischen den Nationen in Krisenzeiten.

Der tragische Verlust von Menschenleben

Inmitten des seismischen Chaos, das sich vor der Küste von Ishikawa abspielte, wurde der Todesstoß an Menschen zu einem ergreifenden Schwerpunkt – ein herzzerreißendes Kapitel in der sich entfaltenden Erzählung von „Rising Waves". Vier gemeldete Todesfälle sind eine tragische Erinnerung an die Zerbrechlichkeit des Lebens angesichts der unerbittlichen Kräfte der Natur.

Das Krisenmanagementteam in Ishikawa bestätigte die verheerende Nachricht: Vier Todesopfer forderten die Erdbeben. Unter ihnen war ein älterer Mann in der Stadt Shika, der nach dem Einsturz eines Gebäudes für tot erklärt wurde – ein deutliches Beispiel für die unmittelbaren und katastrophalen Folgen der seismischen Erschütterungen.

Das Beben der Stärke 7,6, dessen Epizentrum im Japanischen Meer lag, sandte Schockwellen aus, die durch die Region hallten, Menschenleben forderten und Familien zerschmetterten. Der Tribut der Tragödie ging über bloße Statistiken hinaus; es wurde zu einem düsteren Spiegelbild der menschlichen Lebenshaltungskosten in einer seismisch aktiven Zone.

Da „Rising Waves" den vier gemeldeten Opfern Tribut zollt, geschieht dies nicht nur in Anerkennung ihres vorzeitigen Ablebens, sondern auch als Beweis für die Verletzlichkeit von Gemeinschaften, die den unvorhersehbaren Kräften der Natur ausgesetzt sind. Jedes verlorene Leben wird zu einer ergreifenden Erinnerung an die tiefgreifenden Auswirkungen seismischer Ereignisse und fordert die Leser dazu auf, sich in die Trauer und den Kummer der direkt von den Erdbeben Betroffenen hineinzuversetzen. Der tragische Verlust von Menschenleben, der in die Erzählung eingraviert ist, dient als feierlicher Hintergrund, vor dem die Widerstandsfähigkeit und Stärke des menschlichen Geistes angesichts von Widrigkeiten voll und ganz gewürdigt werden kann.

Kapitel 3:
Die menschliche Seite

Während sich „Rising Waves" entfaltet, webt es ein Geflecht persönlicher Geschichten – intime Erzählungen, die das seismische Chaos, das Ishikawa heimgesucht hat, menschlich machen. Diese Geschichten, die aus den Erfahrungen der direkt von den Erdbeben Betroffenen stammen, bieten einen Einblick in die rohen Emotionen, die Widerstandsfähigkeit und die gemeinsame Menschlichkeit, die angesichts der Widrigkeiten entstanden sind.

Daikais Evakuierung steht vor der Tür

In der geschäftigen Grundschule in Kanazawa war Ayako Daikai von

Unbekanntem umgeben – Klassenzimmer, Treppenhäuser, Flure und die Turnhalle voller Menschen, die Zuflucht suchten. Als Ayako, Mutter von zwei Kindern, kurz nach dem Erdbeben mit ihrem Mann und ihren Kindern evakuierte, offenbarte sie den emotionalen Aufruhr der Unsicherheit. „Ich habe auch das große Hanshin-Erdbeben erlebt, daher dachte ich, dass es am sichersten wäre, zu evakuieren", teilte sie mit. Die Entscheidung, das Zuhause zu verlassen, und der unbestimmte Zeitplan für die Rückkehr wurden zum Sinnbild für die Entscheidungen von Familien, die mit der seismischen Unvorhersehbarkeit zurechtkamen.

Der Schrein in der Stadt Toyama

In der Stadt Toyama war ein 70-jähriger Mann, Daniel Smith, unter tausend Menschen, die sich an einem Schrein versammelt hatten und an einer Neujahrstradition teilnahmen, um für Glück zu beten. Die seismische Symphonie begann langsam und eskalierte dann zu heftigen Erschütterungen. „Zuerst waren die Leute einfach fassungslos und versuchten immer wieder, zum Schrein zu gehen", erzählt Daniel. Der abrupte Übergang von der Tradition zum Chaos fasste die desorientierende Erfahrung zusammen, mit der Einzelpersonen inmitten der seismischen Umwälzungen konfrontiert waren.

Augenzeugenberichte über die
Erschütterungen

Inmitten des seismischen Aufruhrs, der Ishikawa an diesem schicksalhaften Tag erfasste, tauchten Augenzeugenberichte als ergreifende Zeugnisse der rohen und unerbittlichen Kraft der Erschütterungen auf. „Rising Waves" fängt diese Erfahrungen aus erster Hand ein und vermittelt den Lesern eine viszerale Verbindung zur Unmittelbarkeit und Intensität der seismischen Ereignisse.

Daniel Smith, ein 70-jähriger Mann, befand sich inmitten von tausend Menschen am Hie-Jinja-Schrein in der Stadt Toyama. Als das erste Zittern einsetzte, erinnerte er sich an die surreale Entwicklung der Ereignisse. „Das erste Zittern begann sehr langsam und alle hörten irgendwie auf ... Und dann ist es nur noch ein heftiges Zittern, ich meine heftiges Zittern", erzählte er. Der Übergang von der Vorfreude zum plötzlichen und heftigen Zittern wurde zu einem lebendigen Schnappschuss der verwirrenden Natur seismischer Unruhen. Die Dringlichkeit in seiner Stimme, als er die Heftigkeit der Erschütterungen beschrieb, fügte dem sich entfaltenden Chaos eine persönliche und emotionale Dimension hinzu.

Ein Video hielt den Moment fest, als die seismischen Wellen einen Tempel in Kanazawa erreichten. Dutzende Menschen, die sich im Rahmen einer Neujahrstradition versammelt hatten, um um Glück zu beten, wurden unwissentlich zu Teilnehmern des seismischen Dramas. Die visuelle

Dokumentation der Reaktion des Tempels auf die Erschütterungen – er schwankte und vibrierte trotz seiner festen Struktur – bot eine viszerale Darstellung der seismischen Kräfte, die im Spiel waren.

Rettungsbemühungen und die Herausforderungen für Rettungsdienste

Die Reaktion auf die seismischen Ereignisse wird zu einem Beweis für die Widerstandsfähigkeit und das Engagement derjenigen an der Front, die sich durch eine durch Zerstörung veränderte Landschaft bewegen.

Feuerwehrleute in ihrer Schutzausrüstung wurden in einen Strudel eingestürzter Gebäude gedrängt. Berichten zufolge sind in

Ishikawa mindestens 30 Gebäude den seismischen Kräften zum Opfer gefallen. Die Herausforderungen waren unmittelbar und schwerwiegend – die Rettungsbemühungen konzentrierten sich auf die Lokalisierung und Befreiung der unter den Trümmern eingeschlossenen Personen. Die Dringlichkeit der Situation wurde durch den tragischen Verlust von Menschenleben unterstrichen. Ein älterer Mann wurde nach dem Einsturz eines Gebäudes in der Stadt Shika für tot erklärt.

Luftaufnahmen zeigten das Ausmaß eines riesigen Feuers, das durch die Erdbeben in der Stadt Ishikawa ausgelöst wurde. Die sengenden Flammen erfassten mehrere Gebäude und stellten für die Feuerwehrleute, die versuchten, den Brand einzudämmen, eine gewaltige Herausforderung dar. Aus dem betroffenen Bereich stieg Rauch auf, was die ohnehin schon mühsamen Rettungs- und Brandbekämpfungsbemühungen noch komplizierter machte.

Die seismische Erschütterung löste Erdrutsche und Straßeneinstürze aus, wodurch ein Teil der National Route 249 unpassierbar wurde. Die Einsatzkräfte hatten nicht nur mit eingestürzten Gebäuden zu kämpfen, sondern auch mit unterbrochenen Transportwegen. Die Herausforderungen erstreckten sich über städtische Gebiete hinaus und verdeutlichten die Vielfalt und Vielschichtigkeit der Rettungseinsätze.

Der emotionale Tribut für die Bewohner und die Nation

Die seismischen Ereignisse hinterlassen zwar physische Narben in der Landschaft, hinterlassen aber auch tiefe emotionale Spuren in den Herzen und Gedanken der direkt Betroffenen und im kollektiven Bewusstsein Japans.

Angst und Unsicherheit:
Für die Bewohner von Ishikawa wurden Angst und Unsicherheit nach der Erdbebenkatastrophe zu unwillkommenen Begleitern. Die unerbittlichen Nachbeben und die drohende Tsunamigefahr werfen einen Schatten auf das tägliche Leben. Evakuierungsbefehle störten den Alltag und die spürbare Angst lag in der Luft, als die

Gemeinden in Regierungsbüros und Evakuierungszentren Zuflucht suchten. Der emotionale Tribut beschränkte sich nicht auf die physische Zerstörung, sondern durchdrang das Gefüge des Alltagslebens.

Trauer und Verlust:
Der tragische Verlust von Menschenleben – es wurden vier Todesopfer gemeldet – wurde zu einem düsteren Akkord in der emotionalen Symphonie, die sich entfaltete. Familien waren mit der Qual konfrontiert, Abschied von geliebten Menschen zu nehmen, und Gemeinden kämpften mit der kollektiven Trauer, die mit solchen Tragödien einhergeht. Der emotionale Tribut ging über den unmittelbaren Kreis der direkt Betroffenen hinaus und fand Resonanz bei einer Nation, die Mitgefühl für

den schweren Verlust hatte, den
Einzelpersonen und Gemeinschaften
erlitten.

Solidarität und Resilienz:
Inmitten der emotionalen Turbulenzen
fängt „Rising Waves" Einblicke in
Solidarität und Widerstandsfähigkeit ein.
Evakuierte in Regierungsbüros und Schulen
fanden Trost in gemeinsamen Erfahrungen
und stützten sich gegenseitig auf die
Unterstützung. Auch das emotionale Gefüge
der Nation war von Fäden der Empathie
und der gemeinsamen Menschlichkeit
geprägt. Die Solidaritätsbekundung von
US-Präsident Joe Biden stärkte die
Vernetzung der Nationen in Krisenzeiten
und trug zu einer umfassenderen

emotionalen Erzählung des globalen Mitgefühls bei.

Kapitel 4:

Analyse des Erdbebens

Einblicke vom Erdbebenexperten Professor Anastasios Sextos

Die Erkenntnisse des Erdbebenexperten Professor Anastasios Sextos, einer führenden Stimme inmitten des seismischen Aufruhrs, der Japan erfasste. Sein Fachwissen, das er aus dem Bereich der Erdbebentechnik an der Universität Bristol stammte, wurde zu einem Leuchtturm des Verständnisses angesichts der komplexen geologischen Kräfte, die im Spiel sind.

Professor Sextos betonte die Besonderheit des Erdbebens an der Westküste Japans, das seltener vorkommt als seismische Ereignisse an der Ostküste. Diese geografische Nuance spielte eine entscheidende Rolle bei der Gestaltung der

Auswirkungen der seismischen Kräfte. Da das Erdbeben vor der Küste stattfand, war die Belastung der Großstädte durch stärkere Erschütterungen deutlich geringer. Diese geografischen Erkenntnisse trugen zu einem besseren Verständnis der sich abspielenden Ereignisse bei und erklärten, warum das Erdbeben zwar stark, aber dennoch weniger verheerend war als seine Gegenstücke an der Ostküste.

Die Entfernung zu den etwa 200 bis 300 Meilen entfernten Großstädten Japans spielte eine mildernde Rolle bei den möglichen Auswirkungen der seismischen Kräfte. Professor Sextos betonte, dass die Stärke des Erdbebens aufgrund dieser Offshore-Lage nicht zu weitreichenden Zerstörungen in dicht besiedelten Gebieten führte. Diese Erkenntnis gab inmitten des Chaos einen Hoffnungsschimmer und deutete darauf hin, dass die Folgen der Erdbeben in relativ kurzer Zeit bewältigt werden könnten.

Der Erdbebenexperte lobte Japan für seine führende Rolle bei der Erdbebenvorsorge. Er würdigte die proaktiven Maßnahmen des Landes und sein „ausgezeichnetes" Frühwarnsystem, das eine entscheidende Komponente beim Schutz des Lebens von Zivilisten darstellt. Die Anerkennung der Bereitschaft Japans wurde zu einem Beweis für das Engagement des Landes, die Auswirkungen seismischer Ereignisse durch fortschrittliche Warn- und Reaktionsmechanismen abzumildern.

<u>Warum die Verluste relativ gering waren</u>

Es stellt sich die spannende Frage, warum die Opferzahlen trotz der gewaltigen Stärke der Erdbeben relativ gering blieben. Professor Anastasios Sextos, der Erdbebenexperte der Universität Bristol, beleuchtet die Faktoren, die zu diesem unerwarteten Ergebnis beigetragen haben.

Die Lage des Erdbebens an der Westküste vor dem Japanischen Meer spielte eine entscheidende Rolle bei der Verringerung der potenziellen Auswirkungen auf Großstädte. Professor Sextos erklärte, dass Erdbeben an der Westküste im Gegensatz zu ihren häufigeren Gegenstücken an der Ostküste seltener seien. Diese geografische Seltenheit, gepaart mit dem

Offshore-Epizentrum, führte dazu, dass Großstädte der vollen Wucht der seismischen Kräfte nicht so stark ausgesetzt waren. Die Entfernung von etwa 200 bis 300 Meilen zu dicht besiedelten Gebieten trug wesentlich zur geringeren Intensität der Erschütterungen in städtischen Zentren bei.

Das Auftreten des Erdbebens vor der Küste führte dazu, dass Großstädte weniger starken Erschütterungen ausgesetzt waren. Obwohl das Erdbeben eine starke Stärke aufwies, führte die Tatsache, dass es vor der Küste entstand, dazu, dass die Intensität der Erschütterungen mit der Entfernung zu besiedelten Regionen abnahm. Dieser geografische Puffer wirkte als mildernder

Faktor und begrenzte die strukturellen Schäden an Gebäuden und Infrastruktur.

Professor Sextos lobte Japan für seine Erdbebenvorsorge und beschrieb es als ein Land, das bei der Vorbereitung „vorreiter" sei. Die Implementierung eines „exzellenten" Frühwarnsystems spielte eine entscheidende Rolle bei der Minimierung der Opferzahlen. Die fortschrittlichen Warnmechanismen ermöglichten eine sofortige Evakuierung und erhöhte Vorbereitung und stellten sicher, dass die Bewohner sich in Sicherheit bringen konnten, bevor die seismischen Kräfte ein kritisches Niveau erreichten.

Analyse der seismischen Aktivität und ihrer Entfernung von Großstädten

Die seismischen Ereignisse konzentrierten sich auf das Japanische Meer vor der Westküste Japans und stellten eine Abkehr von den häufigeren Erdbeben entlang der Ostküste dar. Diese geografische Nuance spielte eine entscheidende Rolle bei der Gestaltung der seismischen Erzählung. Das Offshore-Epizentrum brachte eine gewisse Komplexität mit sich, da die seismischen Kräfte vom Meer ausgingen und sich auf die umliegenden Regionen, einschließlich Ishikawa, auswirkten.

Einer der Schlüsselfaktoren für die relativ geringen Opferzahlen war die beträchtliche Entfernung zwischen dem seismischen Epizentrum und den Großstädten. Die Erdbeben, deren Epizentrum etwa 200 bis

300 Meilen entfernt lag, führten dazu, dass die Intensität der Erschütterungen mit zunehmender Entfernung abnahm. Dieser geografische Puffer fungierte als natürlicher mildernder Faktor und verhinderte, dass die seismischen Kräfte dicht besiedelte städtische Zentren mit voller Intensität erreichen konnten.

Das Konzept einer geringeren Belastung durch starke Erschütterungen erwies sich als zentrales Thema für das Verständnis der Auswirkungen auf Großstädte. Aufgrund des Offshore-Ursprungs der seismischen Ereignisse waren Großstädte vor der vollen Wucht der Erdbeben geschützt. Diese verringerte Exposition spielte eine entscheidende Rolle bei der Verhinderung großflächiger Verwüstungen und ermöglichte eine kontrolliertere und besser beherrschbare Reaktion.

Die seismische Analyse in „Rising Waves" integriert Erkenntnisse des Erdbebenexperten Professor Anastasios Sextos. Seine Erklärungen zur seismischen Dynamik, einschließlich des selteneren Auftretens von Erdbeben an der Westküste und der spezifischen geologischen Eigenschaften der Region, tragen zu einem ganzheitlichen Verständnis der seismischen Aktivität bei.

Japans Erdbebenvorsorge- und Frühwarnsysteme

Die proaktiven Maßnahmen und umfassenden Strategien des Landes haben es zu einem weltweit führenden Unternehmen bei der Abmilderung der Auswirkungen seismischer Ereignisse gemacht. Diese Anerkennung unterstreicht Japans Engagement für den Schutz seiner Bevölkerung durch kontinuierliche Fortschritte bei der Erdbebenvorsorge.

Ein Eckpfeiler der Erdbebenvorsorge Japans ist sein „ausgezeichnetes" Frühwarnsystem. Dieses System erwies sich als entscheidend für die rechtzeitige Warnung der Bewohner, sodass diese sofort Maßnahmen ergreifen konnten, um ihre Sicherheit zu gewährleisten. Die Effizienz des Frühwarnsystems wurde zu einer entscheidenden Komponente bei der Abwendung potenzieller Opfer und der

Verringerung der Anfälligkeit der Gemeinden in den betroffenen Regionen.

Während die Warnungen über die Fernsehbildschirme liefen, wurde den Bewohnern bestimmter Küstengebiete geraten, ihre Häuser sofort zu räumen. Diese schnelle Reaktion, die sich an den Frühwarnsignalen orientierte, ermöglichte es Einzelpersonen und Gemeinden, die seismischen Herausforderungen mit einem Maß an Vorbereitung zu meistern, das ein Beweis für Japans Engagement für den Schutz seiner Bürger ist.

Die Anerkennung der Erdbebenvorsorge Japans geht über die Landesgrenzen hinaus. US-Präsident Joe Biden betonte in seiner Solidaritätsbekundung die tiefe

Freundschaft zwischen den Vereinigten Staaten und Japan und unterstrich die Widerstandsfähigkeit Japans angesichts der seismischen Ereignisse. Diese weltweite Anerkennung unterstreicht die Bedeutung der japanischen Vorbereitungsmaßnahmen auf internationaler Ebene.

Kapitel 5:

Brände und Erdrutsche

Die Gefahr von Bränden und Erdrutschen nach den Erdbeben

Luftbilder zeigten das Ausmaß eines massiven Feuers, das durch die seismischen Ereignisse in der Stadt Ishikawa ausgelöst wurde. Die hoch aufragenden und unerbittlichen Flammen fügten der ohnehin schon herausfordernden Landschaft eine zusätzliche Komplexität hinzu. Die Feuerwehrleute hatten nicht nur mit eingestürzten Gebäuden zu kämpfen, sondern kämpften auch darum, das Inferno einzudämmen, das mehrere Gebäude zu vernichten drohte. Die sengenden Flammen wurden zum visuellen Ausdruck der erhöhten Brandgefahr durch die Erdbeben.

Die Erdbebenkatastrophe, die zum Einsturz von Gebäuden und zur Zerstörung der Infrastruktur führen konnte, erhöhte die Brandgefahr. Herabfallende Trümmer, strukturelle Schäden und die Unterbrechung der Versorgungseinrichtungen schufen ein unbeständiges Umfeld, das den Ausbruch und die schnelle Ausbreitung von Bränden begünstigte. „Rising Waves" fängt die Dringlichkeit ein, mit der Rettungsdienste auf die doppelte Herausforderung eingestürzter Gebäude und die drohende Gefahr massiver Brände reagierten, und schafft so eine anschauliche Darstellung der miteinander verflochtenen Gefahren, denen Gemeinden ausgesetzt sind.

Die seismischen Kräfte führten zu Erdrutschen und Straßeneinstürzen, was die Umweltrisiken weiter verschärfte. Die Nationalstraße 249, eine wichtige Verkehrsader, wurde aufgrund eines Erdrutschs und eines Straßeneinsturzes unpassierbar. Die unterbrochenen Transportwege behinderten nicht nur Rettungseinsätze, sondern erhöhten auch die Anfälligkeit der Gemeinden gegenüber den Herausforderungen, die die Erdbeben mit sich brachten.

Das Ausmaß der durch Brände verursachten Schäden, insbesondere in der Stadt Wajima

Das Ausmaß des Schadens wird zu einem düsteren Spiegelbild der Herausforderungen, vor denen die

Gemeinde im Zuge der seismischen Unruhen steht.

Wajima City, einst ein geschäftiges städtisches Zentrum, erlebte einen tiefgreifenden Wandel, als Brände durch seine Straßen fegten. Die unerbittlichen Flammen, angeheizt durch die seismische Störung, verwandelten vertraute Landschaften in Schauplätze der Verwüstung. Die Erzählung fängt die viszeralen Auswirkungen der Brände ein, als sie Gebäude und Infrastruktur vernichteten und ein für immer verändertes Stadtbild hinterließen.

Die Brände trugen im Zusammenwirken mit den seismischen Kräften zum Einsturz von Gebäuden und Bauwerken bei. Die

Überreste einer einst blühenden städtischen Umgebung tragen nun die Narben der Zerstörung. Die Erzählung in „Rising Waves" zeichnet ein lebendiges Bild des strukturellen Zusammenbruchs, beschreibt detailliert die Auswirkungen auf Wohn- und Gewerbeflächen und schafft ein eindringliches Bild städtischer Narben.

Der dringende Kampf gegen das Inferno wurde zu einem entscheidenden Kapitel in der Geschichte der Stadt Wajima nach dem Erdbeben. Feuerwehrleute, die sich einer unvorhersehbaren und dynamischen Umgebung gegenübersahen, kämpften mit der Heftigkeit der Flammen. Die Beschreibung beschreibt die Herausforderungen, mit denen die Rettungsdienste konfrontiert waren, als sie durch Rauch und Glut navigierten und sich bemühten, das Feuer einzudämmen und eine weitere Eskalation der Katastrophe zu verhindern.

Als die Brände wüteten, kam es zu Vertreibungen in den Gemeinden, was die Folgen noch komplexer machte. Evakuierungsbefehle störten das tägliche Leben und die Widerstandsfähigkeit der Gemeinschaft wurde zu einem ergreifenden Thema. „Rising Waves" untersucht die Vertreibung von Bewohnern und die kollektive Stärke, die die Gemeinschaft an den Tag legte, als sie in sicheren Zonen Zuflucht suchte und inmitten der gemeinsamen Erfahrung von Verlust und Vertreibung Bindungen knüpfte.

Während die Erzählung das Ausmaß der durch Brände, insbesondere in der Stadt Wajima, verursachten Schäden darlegt, wird sie zu einem Beweis für die Widerstandsfähigkeit einer Gemeinde, die sich mit den doppelten Herausforderungen der seismischen Kräfte und der unbarmherzigen Flammen auseinandersetzt. Der Wiederaufbau der Stadt Wajima wird zu einem Symbol der Hoffnung inmitten der Asche und verdeutlicht den unbezwingbaren Geist, der nach schweren Widrigkeiten entsteht.

Kapitel 6:
Tsunami-Bedrohung

Erste Tsunami-Warnungen und deren Herabstufung in Warnungen

Dieses dynamische Zusammenspiel zwischen Warnmeldungen und gemessenen Hinweisen wurde zu einem entscheidenden Element bei der Gestaltung der Reaktion auf die seismischen Ereignisse.

Als die seismischen Erschütterungen das Japanische Meer vor der Küste von Ishikawa erschütterten, gab die Japan Meteorological Agency erste Tsunami-Warnungen heraus. Diese Warnungen mit ihrer schwerkrafterzeugenden Sprache forderten die Bewohner entlang der Küste auf, sofort zu evakuieren. Die leuchtend gelben Warnlinien auf den Fernsehbildschirmen wurden zu einer visuellen Darstellung der potenziellen Bedrohung und signalisierten einen kritischen Punkt, der schnelles Handeln erforderte.

Die Warnungen, die auf die Gefahr von 3-Meter-Wellen oder mehr hindeuteten, schufen eine Atmosphäre der Dringlichkeit. Die Erzählung fängt die erhöhte Risikowahrnehmung und die anschließenden Evakuierungsbemühungen ein, die sich im Schatten der drohenden Tsunami-Bedrohung abspielten. Die Bewohner suchten, geleitet von den Warnungen, Zuflucht in ausgewiesenen Evakuierungszentren und mussten das empfindliche Gleichgewicht zwischen Vorbereitung und der spürbaren Angst vor einer drohenden Katastrophe bewältigen.

Allerdings nahm die seismische Geschichte eine unerwartete Wendung, als die Japan Meteorological Agency die ursprünglichen Tsunami-Warnungen auf Warnungen herabstufte. Dies markierte eine Verschiebung in der wahrgenommenen Bedrohungsstufe, und die Erzählung in „Rising Waves" entfaltet die Nuancen dieser Herabstufung. Die Warnungen deuteten zwar auf ein potenzielles Risiko von Wellen bis zu 1 m Höhe hin, hatten jedoch einen anderen Ton und ermöglichten eine maßvolle Reaktion der Anwohner und Rettungsdienste.

Die Erzählung navigiert durch die Wellen der Unsicherheit und untersucht die psychologischen Auswirkungen der sich entwickelnden Warnungen auf Gemeinschaften. Die Herabstufung auf Hinweise führt zu einer höheren Komplexität, da sich die Bewohner mit den doppelten Herausforderungen seismischer Nachbeben und der Unbeständigkeit der Tsunami-Risikobewertungen auseinandersetzen müssen. „Rising Waves" fängt das empfindliche Gleichgewicht zwischen Vorbereitung und der Notwendigkeit ein, sich an die sich entwickelnde Informationslandschaft anzupassen.

Während sich die seismische Geschichte entfaltet, werden die anfänglichen Tsunami-Warnungen und ihre anschließende Herabstufung in Warnungen zu einem ergreifenden Spiegelbild der

Unbeständigkeit, die der Katastrophenhilfe innewohnt.

<u>Betroffene Gebiete und mögliche Risiken</u>

Das seismische Epizentrum im Japanischen Meer vor der Küste von Ishikawa wird zum Mittelpunkt der Erzählung. Die betroffenen Gebiete, darunter Ishikawa und die umliegenden Präfekturen, werden unter die Lupe genommen, während „Rising Waves" die geografischen Nuancen enthüllt. Die ausgedehnte Küstenlinie, die einst ruhig war, trägt nun die Narben seismischer Unruhen und schafft eine visuelle Landschaft, die das Ausmaß der Katastrophe unterstreicht.

Die Erzählung befasst sich mit den potenziellen Risiken, die als Folge seismischer Ereignisse entstehen. Brände werden, wie bereits dokumentiert, zu einem gewaltigen Gegner, der Strukturen verschlingt und die ohnehin schon anspruchsvollen Wiederherstellungsbemühungen noch komplexer macht. Das erhöhte Risiko von Erdrutschen, Straßeneinstürzen und der Unterbrechung wichtiger Verkehrsadern verschärft die Herausforderungen, denen sich Rettungsdienste und Gemeinden gegenübersehen.

Die potenziellen Risiken erstrecken sich auf die Vertreibung von Bewohnern, die durch Evakuierungsbefehle und die Einrichtung von Sicherheitszonen erfasst werden. Die

Erzählung in „Rising Waves" untersucht, wie Gemeinden mit den doppelten Herausforderungen seismischer Kräfte und den mit Vertreibung verbundenen Risiken zu kämpfen haben. Die Einrichtung von Evakuierungszonen wird zu einer strategischen Reaktion auf die fließende Situation und bietet den Lesern eine Perspektive, durch die sie die Komplexität der Gewährleistung der Sicherheit der betroffenen Bevölkerungsgruppen verstehen können.

Über die physischen Risiken hinaus enthüllt „Rising Waves" den psychologischen Tribut und die Unsicherheit, die in den betroffenen Gebieten herrschen. Die sich ständig ändernden Warnungen, von ersten Tsunami-Warnungen bis hin zu Hinweisen, tragen zu einem Gefühl der Unvorhersehbarkeit bei. Die Erzählung fängt die emotionale Landschaft der Bewohner ein, die durch die Wellen der Unsicherheit navigieren, und betont die Bedeutung der Widerstandsfähigkeit inmitten der Unbeständigkeit der Katastrophenhilfe.

Kapitel 7:
Nationale Reaktion und internationale Unterstützung

Nach den seismischen Ereignissen drückte Präsident Joe Biden seine Solidarität mit Japan aus und betonte die tiefe Freundschaft, die die Vereinigten Staaten und Japan verbindet. Seine in die Erzählung eingewobene Aussage unterstreicht die globale Vernetzung angesichts von Naturkatastrophen. Die Anerkennung der gemeinsamen Not wird zum Zeugnis der diplomatischen Beziehungen und der gegenseitigen Unterstützung zwischen den Nationen.

„Als enge Verbündete verbindet die Vereinigten Staaten und Japan eine tiefe Freundschaft, die unser Volk verbindet. Unsere Gedanken sind in dieser schwierigen Zeit beim japanischen Volk." – Präsident Joe Biden

Die Worte von Präsident Biden stärken nicht nur das Mitgefühl, sondern würdigen auch die Widerstandsfähigkeit Japans angesichts der seismischen Ereignisse. Die globale Anerkennung wird zu einem Eckpfeiler für das Verständnis der kollektiven Reaktion auf Naturkatastrophen, über Grenzen hinweg und betont die Bedeutung diplomatischer Beziehungen in Krisenzeiten.

Die Erzählung in „Rising Waves" bringt Präsident Bidens Zusicherung der Unterstützung und Unterstützung auf den Punkt. Die Vereinigten Staaten erklären sich als enger Verbündeter bereit, den von den seismischen Ereignissen betroffenen Menschen Hilfe zu leisten. Dieses diplomatische Engagement fügt der Erzählung eine Ebene der Hoffnung hinzu und zeigt die gemeinsamen Bemühungen zwischen Nationen in schwierigen Zeiten.

„Als enge Verbündete verbindet die Vereinigten Staaten und Japan eine tiefe Freundschaft, die unser Volk verbindet. Unsere Gedanken sind in dieser schwierigen Zeit beim japanischen Volk. Die Vereinigten Staaten sind bereit, den Betroffenen Hilfe zu leisten." – Präsident Joe Biden

<u>Die Zusammenarbeit zwischen Japan und internationalen Verbündeten zur Unterstützung</u>

Nach den seismischen Erschütterungen, die Ishikawa, Japan, erschütterten, entstand ein tiefes Zeugnis der menschlichen Einheit, als Nationen aus allen Teilen der Welt sich versammelten, um Unterstützung anzubieten. „Rising Waves" verwebt auf komplexe Weise eine Erzählung der Zusammenarbeit und verwandelt die Tragödie in eine Symphonie der gemeinsamen Verantwortung und der globalen Widerstandsfähigkeit.

Als die ersten Schockwellen nachließen, stand Japan vor der gewaltigen Aufgabe, zerrüttete Gemeinschaften wieder aufzubauen. Allerdings war es bei diesem Unterfangen nicht allein. Die internationale Gemeinschaft, verbunden durch ein gemeinsames Engagement für die Menschlichkeit, reagierte mit unerschütterlicher Unterstützung.

Diplomatische Beziehungen und Allianzen wurden zu den Fäden, die diese Erzählung zusammenwoben. Japan wandte sich an seine Verbündeten, und die Reaktion erfolgte schnell, was die Vernetzung der Nationen in Krisenzeiten verdeutlicht. Die Vereinten Nationen spielten als Vermittler der globalen Zusammenarbeit eine entscheidende Rolle bei der Koordinierung der Hilfsmaßnahmen.

Von den geschäftigen Städten Nordamerikas bis hin zu den historischen Landschaften Europas war die überströmende Unterstützung spürbar. Humanitäre Hilfe, medizinisches Fachwissen und lebenswichtige Hilfsgüter wurden zur Währung des Mitgefühls und überwanden geografische Grenzen, um den betroffenen Gemeinden eine Lebensader zu bieten.

Die Unterstützungsbekundungen stießen auf der ganzen Welt auf großes Echo, und Politiker brachten nicht nur ihre Solidarität zum Ausdruck, sondern auch ihre echte Verpflichtung, an der Seite Japans zu stehen. Die Worte von Präsident Joe Biden: „Unsere Gedanken sind in dieser schwierigen Zeit beim japanischen Volk“ wurden zu einem Signal der Zuversicht und einem Beweis für die dauerhaften Bindungen zwischen den Nationen.

Kapitel 8:

Ich freue mich auf

TDas Potenzial für zukünftige Erdbeben

Während die seismischen Erschütterungen, die Ishikawa erschütterten, nachlassen, droht das Gespenst der Ungewissheit: Was hält die Zukunft für eine Region bereit, die von den jüngsten Erdbeben gezeichnet ist? „Rising Waves" wirft einen genaueren Blick auf das Potenzial zukünftiger seismischer Aktivitäten und erkundet das empfindliche Gleichgewicht zwischen Vorfreude und den unvorhersehbaren Kräften, die die Erdkruste formen.

Ein Erdbebenexperte, Professor Anastasios Sextos, fungiert als Führer durch die komplexe Landschaft seismischer Beurteilungen. Nach den jüngsten Ereignissen bieten seine Erkenntnisse einen

Einblick in die Faktoren, die zukünftige seismische Aktivitäten beeinflussen könnten. Die Erzählung navigiert durch die wissenschaftlichen Feinheiten und zeichnet ein Bild der unsichtbaren Kräfte, die unter der Oberfläche liegen.

Die seismische Landschaft, die oft von Unvorhersehbarkeit geprägt ist, wird durch die Linse des historischen Kontexts untersucht. „Rising Waves" befasst sich mit der Erdbebengeschichte Japans und beleuchtet Muster und Präzedenzfälle, die als Marker für die Zukunft dienen könnten. Es wird zu einer Reise durch die Zeit, die die Fäden entwirrt, die vergangene seismische Ereignisse mit der Gegenwart und möglicherweise auch der Zukunft verbinden.

Die jüngsten Erdbeben, darunter das im Mai 2023, werden zu wichtigen Markern dieser Einschätzung. Die Erzählung macht eine Pause, um über das Erdbeben im Mai nachzudenken, und zieht Parallelen und Unterschiede, die wertvolle Einblicke in das seismische Verhalten der Region bieten. Es handelt sich um eine differenzierte Erkundung, die über die statistische Analyse hinausgeht und die Essenz der dynamischen Kräfte der Erde erfasst.

Das Potenzial für zukünftige Erdbeben liegt laut „Rising Waves" an der Schnittstelle von Wissenschaft und Vorbereitung. Die Erzählung wird zu einem Aufruf zum Handeln, der betont, wie wichtig es ist, die Risiken zu verstehen, Strukturen zu stärken und, was am wichtigsten ist, eine gemeinschaftsweite Bereitschaft zu fördern, die über individuelle Anliegen hinausgeht.

Im weiteren Verlauf der Geschichte wird das Potenzial für zukünftige Erdbeben zu einem entscheidenden Kapitel in der fortlaufenden Erzählung von Ishikawas Widerstandsfähigkeit. Es handelt sich nicht nur um eine wissenschaftliche Untersuchung; Es ist ein Aufruf an die Gemeinschaften, wachsam zu sein, angesichts der Unsicherheit vereint zu stehen und die unsichtbaren Strömungen mit einem kollektiven Geist zu steuern, der die steigenden Wellen seismischer Herausforderungen überstanden hat.

Laufende Bemühungen zur Katastrophenvorsorge und zur Verbesserung der Infrastruktur

Im Zuge seismischer Unruhen steht Ishikawa an einem Scheideweg und muss sich nicht nur mit den Folgen der jüngsten Erdbeben auseinandersetzen, sondern auch mit den unvorhergesehenen Herausforderungen, die vor uns liegen. „Rising Waves" verlagert den Fokus auf die laufenden Bemühungen zur Katastrophenvorsorge und zur Verbesserung der Infrastruktur, bei denen Gemeinden und Behörden zusammenkommen, um sich gegen die unvorhersehbaren Kräfte zu wappnen, die ihr Schicksal bestimmen.

Die Erzählung entfaltet sich nach den jüngsten seismischen Ereignissen, in denen eine von Zerstörung gezeichnete Landschaft zur Leinwand für den Wiederaufbau wird. Der Blick richtet sich nun auf die proaktiven Maßnahmen, die zur Stärkung der Widerstandsfähigkeit ergriffen werden. Es ist eine Geschichte von Gemeinschaften, die sich nicht von den Herausforderungen der Vergangenheit definieren lassen, sondern stattdessen die gewonnenen Erkenntnisse nutzen, um eine sicherere Zukunft zu gestalten.

Im Mittelpunkt dieser Erzählung steht die Widerstandsfähigkeit des menschlichen Geistes. Lokale Gemeinschaften, die einst bis ins Mark erschüttert waren, erweisen sich nun als Architekten des Wandels.

„Rising Waves" fängt die Bemühungen an der Basis ein, bei denen Einzelpersonen und Nachbarschaften zur ersten Verteidigungslinie bei der Katastrophenvorsorge werden. Evakuierungsübungen, Sensibilisierungsprogramme für die Gemeinschaft und die Einrichtung lokaler Reaktionsteams werden zu Bausteinen der Resilienz.

Parallel zu diesen Basisinitiativen untersucht die Erzählung die Rolle der Technologie bei der Katastrophenvorsorge. Von fortschrittlichen Frühwarnsystemen bis hin zu hochmodernen Infrastrukturverbesserungen setzt Ishikawa auf Innovation als Schutzschild gegen das Unsichtbare. Die Geschichte entfaltet sich als eine Reise in die Zukunft, auf der Wissenschaft und Technologie zu Verbündeten auf der Suche nach einer sichereren Zukunft werden.

Die Zusammenarbeit zwischen lokalen Behörden und internationalen Partnern wird zu einer treibenden Kraft in dieser fortlaufenden Erzählung. „Rising Waves" führt durch die gemeinsamen Bemühungen zur Verbesserung der Infrastruktur und zeigt, wie globales Fachwissen und Ressourcen kanalisiert werden, um die Widerstandsfähigkeit der Region zu stärken. Es wird zu einer Geschichte der Zusammenarbeit, in der Nationen sich nicht nur als Reaktion auf Krisen vereinen, sondern in einem gemeinsamen

Engagement für die Gestaltung einer sichereren und widerstandsfähigeren Welt.

Während sich die laufenden Bemühungen zur Katastrophenvorsorge und zur Verbesserung der Infrastruktur entfalten, wird „Rising Waves" zu einer Chronik der Hoffnung. Es ist nicht nur eine Geschichte über die Bewältigung von Herausforderungen, sondern eine Hommage an eine Gemeinschaft, die angesichts der Unsicherheit ihr Schicksal aktiv gestaltet. Die Wellen der Widerstandsfähigkeit, die einst als Reaktion auf das seismische Chaos anstiegen, werden nun zur Kraft, die Ishikawa in eine Zukunft treibt, die gegen das Unbekannte gerüstet ist.

DerRolle vonGlobale Zusammenarbeit InBewältigung seismischer Herausforderungen

Nach den Erdbebenkatastrophen erlebte Ishikawa nicht nur einen physischen Wiederaufbau, sondern knüpfte auch grenzüberschreitende Bindungen. „Rising Waves" richtet seinen Blick nun auf die entscheidende Rolle der globalen Zusammenarbeit bei der Bewältigung seismischer Herausforderungen und entwirrt ein Narrativ, in dem sich Nationen in einer Symphonie aus Unterstützung und gemeinsamer Verantwortung vereinen.

Die Erzählung entfaltet sich als Beweis für die Vernetzung der Nationen angesichts von Naturkatastrophen. Nach den Erdbeben reagierte die Weltgemeinschaft mit großer Unterstützung. Es handelte sich nicht nur um einen Austausch von Ressourcen; Es war ein Beweis für die gemeinsame Verantwortung, den vom seismischen Chaos Betroffenen zu helfen.

Die Vereinten Nationen spielten als Dreh- und Angelpunkt der internationalen Zusammenarbeit eine zentrale Rolle bei der Orchestrierung der Unterstützung. Humanitäre Hilfe, medizinisches Fachwissen und technologisches Know-how wurden zu Instrumenten der Zusammenarbeit und betonten, dass die Herausforderungen, die seismische Ereignisse mit sich bringen, Herausforderungen für die gesamte Menschheit sind.

Während „Rising Waves" durch die globale Reaktion navigiert, werden die diplomatischen Beziehungen und Allianzen hervorgehoben, die zum Rückgrat dieser gemeinsamen Bemühungen wurden. Indem Japan sich an seine internationalen Verbündeten wandte, erhielt es nicht nur konkrete Unterstützung, sondern festigte auch die Bindungen, die die globale Zusammenarbeit in Krisenzeiten ausmachen.

Die Erzählung befasst sich mit den praktischen Aspekten der Zusammenarbeit und zeigt, wie Nationen ihre Ressourcen zum Wohle der Allgemeinheit bündelten. Es ist eine Geschichte der Solidarität, die über politische Rhetorik hinausgeht − eine

Zusammenarbeit, bei der Taten mehr sagen als Worte.

Die laufenden Bemühungen um Katastrophenvorsorge und Infrastrukturverbesserungen werden zu einem gemeinsamen Unterfangen, bei dem globales Fachwissen mit lokaler Widerstandsfähigkeit verschmilzt. „Rising Waves" wird zu einer Reise durch das Herzstück der Zusammenarbeit und betont, dass die Bewältigung seismischer Herausforderungen eine gemeinsame Anstrengung über Kontinente hinweg erfordert.

Im weiteren Verlauf der Geschichte wird die Rolle der globalen Zusammenarbeit nicht nur zu einer Reaktion auf eine Krise, sondern zu einem Erzählstrang, der das Gefüge einer widerstandsfähigeren Welt webt. Es ist eine Erinnerung daran, dass seismische Herausforderungen wie die steigenden Wellen, die einst Ishikawa erschütterten, mit Stärke, Einigkeit und dem unerschütterlichen Engagement einer globalen Gemeinschaft gemeistert werden können, die das gemeinsame Ziel hat, die gewaltigen Prüfungen der Natur zu überwinden.

Abschluss

Während die Echos seismischer Erschütterungen verblassen und der Wiederaufbauprozess voranschreitet, endet „Rising Waves" mit einer Reflexion über die Ereignisse, die sich in Ishikawa, Japan, ereigneten, und die umfassenderen Auswirkungen, die über die unmittelbaren Folgen hinausgehen. Es ist nicht nur ein Abschluss, sondern ein Aufruf zur Einheit, ein Zeugnis der Widerstandsfähigkeit und eine Ermutigung zu kontinuierlicher Sensibilisierung und Vorbereitung.

Die Erzählung nimmt sich einen Moment Zeit, um zurückzublicken, nicht nur auf die Zerstörung, die die Erdbeben angerichtet haben, sondern auch auf den unbezwingbaren Geist der Gemeinschaften, die aus den Trümmern auferstehen.

Ishikawa wird zum Symbol – ein Symbol der Stärke, der Zusammenarbeit und des beständigen menschlichen Geistes, der sich nicht durch eine Katastrophe definieren lässt.

„Rising Waves" reflektiert die umfassenderen Auswirkungen und betont die Notwendigkeit einer globalen Perspektive auf seismische Herausforderungen. Es handelt sich nicht um ein lokalisiertes Problem. Es ist ein gemeinsames Anliegen, das Grenzen überschreitet. Die gemeinsamen Anstrengungen zwischen den Nationen unterstreichen, dass die Herausforderungen der Natur Herausforderungen für die gesamte Menschheit sind.

Die Erzählung drückt die Solidarität mit dem japanischen Volk aus und wird zu einer herzlichen Anerkennung der Widerstandsfähigkeit, die Einzelpersonen, Familien und Gemeinschaften bewiesen haben. Es ist eine Anerkennung des erlittenen Schmerzes, der verlorenen Leben und der Stärke, die aus dem kollektiven Willen zum Wiederaufbau entsteht.

In den Schlusskapiteln verwandelt sich „Rising Waves" in einen Leuchtturm der Ermutigung. Es fördert das kontinuierliche Bewusstsein – nicht nur das Bewusstsein für die potenziellen seismischen Bedrohungen, sondern auch für die kollektive Verantwortung, darauf vorbereitet zu sein. Die Erzählung wird zu einem Aufruf an Gemeinschaften auf der ganzen Welt, die

Lehren aus Ishikawa zu beherzigen, sich gegen das Unvorhersehbare zu wappnen und eine Kultur der Widerstandsfähigkeit zu fördern, die über die unmittelbaren Folgen einer Katastrophe hinausgeht.

Während sich die letzten Worte entfalten, hinterlässt „Rising Waves" beim Leser ein Gefühl der Hoffnung – eine Hoffnung, die auf dem Glauben beruht, dass die Menschheit gemeinsam die Unsicherheiten der Zukunft meistern kann. Das Buch endet nicht nur als Chronik seismischer Ereignisse, sondern auch als Beweis für die dauerhafte Kraft der Einheit, der Bereitschaft und des gemeinsamen Engagements, die zunehmenden Herausforderungen zu meistern, die die Natur möglicherweise mit sich bringt.